ПРИНЦИП ПИТЕРА

Скажите «НЕТ» некомпетентности на работе

50MINUTES.com

ПРИНЦИП ПИТЕРА

Скажите «НЕТ» некомпетентности на работе

написанный Gabriel Verboomen
в переводе Nastia Abramov

50MINUTES.com

ПРИНЦИП ПИТЕРА

КЛЮЧЕВАЯ ИНФОРМАЦИЯ

- **Название:** Принцип Питера.

- **Применение:** управление человеческими ресурсами и производительностью, развитие человеческого потенциала.

- **Почему она успешна?** Его успех неопределен, потому что он зависит от людей и организаций.

- Ключевые слова:

  - <u>Компетентность</u>: знания и ноу-хау, необходимые для достижения максимальной эффективности на данной должности

  - <u>Эффективность</u>: синоним превосходства, способность сотрудника выполнять определенные задачи при ограниченных ресурсах (время, деньги и т.д.).

  - <u>Иерархия</u>: структура полномочий в организации

  - <u>Продвижение</u>: назначение работника на более высокий уровень в организации.

ВВЕДЕНИЕ

При рассмотрении принципа Питера особенно важно понимать, что эта модель, хотя и поучительная во многих ситуациях, взята из сатирической книги и поэтому должна использоваться с осторожностью при установлении научных фактов. В контексте все более сильной иерархии в организациях возникает вопрос о внутреннем продвижении. Должна ли компетентность сотрудника быть доминирующим критерием для определения иерархического восхождения? Как можно измерить уровень компетентности? Обязательно ли эффективный сотрудник должен быть хорошим организатором?

 ОПРЕДЕЛЕНИЕ МОДЕЛИ

Принцип Питера гласит, что если сотрудник эффективно работает на данном иерархическом уровне, его повышают до следующего уровня и так далее, пока он не достигнет уровня, на котором он неэффективен. Если он не может быть понижен в должности, это означает, что все структуры естественным образом эволюционируют в сторону баланса большей неэффективности.

Хотя на первый взгляд этот принцип может показаться абсурдным, он поднимает некоторые вопросы, касающиеся управления человеческими ресурсами. Кого следует продвигать по службе на благо человека и компании? И при каких условиях это следует делать, чтобы повысить общую эффективность?

ТЕОРИЯ

👁 ЛОРЕНС ДЖОНСОН ПИТЕР (КАНАДСКИЙ ПЕДАГОГ И ПСИХОЛОГ, 1919-1990)

Окончив в 1958 году колледж штата Западный Вашингтон, Лоуренс Дж. Питер, родом из Ванкувера, быстро стал учителем, одновременно продолжая изучать психологию и педагогические науки, по которым в 1963 году получил докторскую степень. Затем он руководил Центром Эвелин Фриден и выступал в качестве консультанта программ, испытывавших трудности, в Университете Южной Калифорнии в 1966 году.

Его первая книга, *"Предписывающее обучение"*, была опубликована в 1965 году, но известность к нему пришла только после публикации книги *"Принцип Питера"* (1969), написанной в сотрудничестве с Раймондом Халлом (канадский писатель, 1919-1985).

ГИПОТЕЗЫ ПРИНЦИПА ПИТЕРА

Принцип Питера, как и все экономические модели, основан на гипотезах, которые полезно исследовать. Если мы рассмотрим только самые важные, то к ним относятся (но не ограничиваются ими):

* Иерархическая структура компании, естественно, имеет форму пирамиды. Это упрощенное представление

показывает строго определенные иерархические уровни: основными работниками руководят несколько менеджеров, которые сами управляются еще меньшим числом вышестоящих руководителей и так далее.

- Рабочие должности являются жесткими и включают в себя установленные задачи: работник, назначенный на должность, выполняет определенное количество задач. Если он не справляется с поставленной задачей, она просто не будет выполнена. Если же он справится, то других заданий ему не дадут. В этой связи, однако, следует учитывать, что эти структурные описания относятся к определенному времени, и в настоящее время компании представляют собой гораздо более гибкие организации, работающие, например, по проекту или сети.

- Самой сильной и наиболее спорной гипотезой является то, что в книге называется "гипотезой Питера". Уровень компетентности, необходимый для более высокой иерархической позиции, совершенно не зависит от компетентности, необходимой для иерархически более низкой позиции. Если сотрудник больше всех подходит для какой-то должности и его продвигают на более высокий уровень, то уровень его компетентности после этого продвижения совершенно непредсказуем.

По мнению Жана-Поля Делаэ (французский компьютерщик и математик, родился в 1952 году), если принять эти упрощенные предположения, то логично предположить, что все повышения имеют тенденцию к снижению производительности работника из-за двух эффектов:

- **Эффект храповика:** откат назад невозможен, так как работника нельзя понизить в должности. Если он конкурентоспособен, он будет продолжать подниматься по карьерной лестнице и не останется на той позиции, где он эффективен. Движение будет продолжаться до тех пор, пока он не достигнет слишком высокого уровня, на котором он уже не будет эффективен. Тогда сотрудник застревает на этом уровне и не может быть ни понижен, ни продолжать подниматься.

- **Статистический эффект регрессии к среднему (принцип статистического распределения):** во время случайного, "нормального" события вероятность достижения результата, близкого к среднему, выше, чем получение очень высокого или очень низкого результата. Таким образом, компания, которой посчастливилось рассчитывать на сотрудника, компетентность которого значительно выше среднего, и которая решает изменить его позицию, снова определяет компетентность сотрудника с большой вероятностью достижения среднего результата.

За гипотезами принципа Питера скрывается неудобная правда: со временем вероятность того, что каждую должность займет некомпетентный сотрудник, возрастает, а чем выше в иерархии находится должность, тем важнее она для общей эффективности структуры. Это не означает, что основание пирамиды менее важно для правильного функционирования бизнеса, чем вершина, на самом деле все наоборот. Проще говоря, если мы принимаем структуру пирамиды и придаем равное значение каждому уровню, то должность имеет большее значение для общей производительности, когда на этом уровне меньше должностей. Например, если на пять сотрудников приходится два менеджера, то индивидуальная компетентность менеджера составляет 50% от производительности его иерархического уровня, в то время как индивидуальная производительность каждого сотрудника составляет только 20%.

В гипотезах принципа Питера, особенно в гипотезе эффекта храповика, кажется очевидным, что "каждый сотрудник стремится подняться до своего уровня некомпетентности", так что естественный баланс структуры заключается в том, что каждая должность занята кем-то, кто не может нести ответственность.

НЕКОМПЕТЕНТНЫЕ СОТРУДНИКИ

Этот принцип был задуман Лоуренсом Дж. Питером как часть полной науки об организациях, которую он назвал "иерархия".

Он стремится обеспечить конкретные приложения и сталкивает свою модель с реальностью организаций, которые он наблюдал. Конечно, он отмечает исключения из принципа. Например, не всегда продвигают самых компетентных. Он выделяет несколько случаев, когда некомпетентных сотрудников продвигают по службе, и объясняет, почему.

- **Мощная сублимация или псевдоразвитие:** эта стратегия, продвигающая некомпетентного сотрудника на верхний уровень, служит главным образом для поддержания надежды всех остальных, которые верят, что однажды их тоже могут повысить. Это опасно, потому что для людей, не являющихся частью иерархии, это всего лишь иллюзия.

- **Боковой арабеск:** это продвижение некомпетентного сотрудника на новую, бесполезную должность с более громким названием, чтобы ограничить ущерб, который он может нанести на своем нынешнем месте.

- **Переворот Питера:** в этом случае продвижение некомпетентного сотрудника обусловлено его соответствием стандартам, навязанным иерархией, а не его эффективностью. Конечный эффект и средства поменялись местами, поскольку стандарты существуют для повышения производительности, а соответствие стандартам имеет такое же значение, как и производительность.

- **Иерархическая дефолиация:** чтобы работники не осознали абсурдность системы и не решили не подчиняться, компания способствует продвижению некомпетентного сотрудника.

ПРИЗНАКИ ПОСЛЕДНЕГО ПОЛОЖЕНИЯ

По словам Питера, признаки некомпетентности или признаки сокрытия некомпетентности от других и от самого себя легко обнаружить. Это так называемые "признаки последнего места": однако они создают иллюзию профессиональной самореализации.

- **Классофилия:** от греческого слова "classis" (что означает "категория" или "класс"), это ненужная одержимость классификацией, чтобы создать (у себя) иллюзию, что они делают важную работу.

- **Гигантизм tabula:** относится к некомпетентному сотруднику, который хочет иметь самый большой офис.

- **Папиромания:** от греческого слова «папирос» (“бумага”) и латинского слова “мания” (“безумие” или “одержимость”), это признак некомпетентного сотрудника, который заваливает свой стол бумагами – отсюда и видимый беспорядок – чтобы создать впечатление, что он очень занят.

- **Папирофобия** – от греческих слов “papyros” (“бумага”) и “phobos” (“фобия”) – признак некомпетентного сотрудника, который не терпит бумаги на своем рабочем месте. Если в офисе все организовано, коллеги, начальство и, возможно, даже сам сотрудник будут считать, что работа выполняется эффективно.

- **Фонофилия:** от греческих слов “phone” (“голос”) и “philos” (“друг”), это признак некомпетентности, который предполагает обвинение в отсутствии контакта с коллегами и подчиненными и установку в офисе множества телефонов и магнитофонов. Поскольку эта идея впервые появилась в 1969 году, этот “признак“, вероятно, следует переформулировать с учетом современных технологий.

- **Rigor Cartis:** латинское происхождение, указывает на навязчивый интерес к графикам, диаграммам и схемам, которые создают иллюзию контроля над ситуацией.

- **Инициальная сигломания:** от латинских слов “sigla” (что означает “отметки” или “сокращения”) и “mania” (что означает “безумие” или “одержимость”), это признак, при котором некомпетентный сотрудник будет говорить с непосвященными сотрудниками, используя непонятные инициалы и аббревиатуры, чтобы создать впечатление профессионализма. Он будет все усложнять, поскольку получает удовольствие от важности, которую это ему придает.

- **Структурофилия**: от латинского слова "structure" ("расположение", "строительство") и греческого "philos" ("друг"), подразумевает получение удовольствия от работы в определенной структуре, некомпетентный работник, демонстрирующий этот признак, будет одержим порядком и поддержанием здания, в котором он работает, в ущерб получению удовольствия от самой работы.

- **Синдром трепета**: некомпетентный сотрудник редко принимает решения и позволяет им долго ждать, прежде чем они будут обработаны.

- **Аномальная табула:** от латинского слова "tabula" ("тарелка" или "стол"), это признак некомпетентности, когда сотрудник использует необычное и странное офисное оборудование.

Однако Питер уточняет свои утверждения, объясняя, что, к счастью для функционирования наших политических, социальных и экономических моделей, все позиции на вершине иерархии не обязательно заняты некомпетентными сотрудниками. Фактически, разъясняя этот принцип, он подчеркивает тот факт, что иерархическая структура организации часто слишком мала для того, чтобы все компетентные люди – хотя это не слишком большой недостаток, поскольку в противном случае они пострадали бы от иерархической дефолиации – могли раскрыть свой потенциал. Тем не менее, обратите внимание, что компетентные руководители часто нанимаются в более крупные организации, где они снова могут продвигаться вверх, пока тоже не достигнут своего уровня некомпетентности.

ОГРАНИЧЕНИЯ И РАСШИРЕНИЯ

ОГРАНИЧЕНИЯ И КРИТИКА

Ограничения этой модели становятся очевидными, как только рассматриваются гипотезы, на которых она основана.

- В настоящее время организация часто не так проста, как структура пирамиды, описанная Питером. Чаще всего сотрудник, который координирует работу других, не был продвинут по службе. Различные отделы находятся в равных условиях, по крайней мере, в теории. Децентрализация и расширение полномочий поощряются, и существует тенденция к сокращению прямой вертикальной иерархии. Это явление называют "сглаживанием пирамид". Возможно, это один из современных способов избежать последствий «принципа Питера», который возник в те времена, когда иерархия была более жесткой?

- Должность больше не является "замороженной". Если на должность назначен некомпетентный сотрудник и не приступает к выполнению своих обязанностей, вполне вероятно, что многие функции будут постепенно переданы другой должности.

- Вопрос мотивации также проблематичен, поскольку некоторые навыки, проявляемые работником, могут проистекать из этого. Действительно, работник может быть эффективным на одном уровне иерархии, частично благодаря мотивации. Если он продолжит проявлять энтузиазм, то, скорее всего, легче приобретет новые навыки, необходимые для новой должности, что сделает его более эффективным.

- Современные реалии текучести кадров впечатляют, поскольку, по оценкам, молодой человек, выходящий на рынок труда, скорее всего, сменит свою функцию или бизнес примерно пять раз.

- Наконец, безусловно, самая сомнительная гипотеза Питера заключается в том, что компетентность, проявленная на одной должности, по своей природе независима от компетентности, доказанной на предыдущей должности. Другие исследователи, такие как итальянские физики Алессандро Плучино, Андреа Раписарда и социолог Чезаре Гарофало в своей статье *The Peter Principle Revisited: A Computational Study*, предлагают обновленный взгляд на знаменитый принцип, выдвигая противоположную гипотезу. Они называют ее "гипотезой здравого смысла": компетентность на более высокой должности зависит от компетентности, проявленной на более низкой должности, и увеличивается или уменьшается примерно на 10%.

Эмпирическое тестирование некомпетентности, разработанное Питером, также может быть ненадежным. Действительно, симптомы включают в себя так много различных форм поведения, что мы не можем, как это делают некоторые, использовать их в качестве предполагаемого доказательства принципа Питера. Если принять во внимание номинальную ценность некоторых гипотез, то в конечном итоге мы столкнемся с ситуациями, подобными этой: человек, который слишком любит организацию или слишком авторитетен, некомпетентен, но человек, который недостаточно организован или не авторитетен, также некомпетентен. Если избыток – это всегда плохо, то большинство предполагаемых симптомов изначально могут восприниматься как качества. Кроме того, не является ли это причиной того, что некомпетентный сотрудник принимает такие установки – но до крайности – чтобы попытаться скрыть свою некомпетентность. В заключение следует отметить, что "Принцип Питера" не поддается проверке, а сатирический тон, который он использует в своей работе, говорит о том, что он не имеет реальных научных претензий.

СВЯЗАННЫЕ МОДЕЛИ И РАСШИРЕНИЯ

Принцип Питера является частью набора "законов" того же типа, в более или менее юмористическом стиле, которые описывают корпоративный мир с определенным цинизмом и научная строгость которых не является его главной заботой. Тем не менее, некоторые из них указывают на сложные реалии, с которыми большинство организаций должны эффективно справляться.

Закон Паркинсона

Среди них, в частности, есть закон Паркинсона (1955), от британского историка Сирила Норткота Паркинсона (1909-1993), который гласит, что работа всегда распределяется таким образом, чтобы заполнить время, имеющееся в распоряжении ответственного за работу человека. В дальнейшем мы можем представить, что для проекта используются все доступные ресурсы, будь то время, деньги, рабочая сила и т.д. В основе этого закона лежат два следствия:

- **Увеличение числа подчиненных.** Если сотрудник не может завершить проект, у него есть только два варианта: он может либо разгрузить часть работы, отдав ее кому-то, кто может стать потенциальным конкурентом, либо попросить поддержки у своих подчиненных. В большинстве случаев выбирается второй вариант, во-первых, чтобы защитить свою позицию, а во-вторых, чтобы повысить свою значимость. Следует отметить, что он позаботится о том, чтобы у него было несколько подчиненных, чтобы разделить с ними каждую задачу. Таким образом, поскольку никто из них не в состоянии выполнить задание полностью, никто не станет потенциальным конкурентом.

- **Увеличение рабочей нагрузки.** Независимо от того, работает ли человек с равными или подчиненными, факт остается фактом: когда работают несколько человек, объем работы увеличивается. Зачастую на координацию работы уходит столько же времени, сколько и на саму работу. Поскольку в команде почти всегда есть кто-то, кому трудно делегировать и кто берет на себя больше ответственности, работа в конечном итоге выравнивается до уровня, который мог бы выполнить один человек. В конечном счете, для того чтобы выполнить ту же работу, которую мог бы выполнить один человек, требуется целая команда, и на координацию работы всех этих людей было потрачено дополнительное время.

Принцип Дилберта

Упомянем также принцип Дилберта, взятый из одноименного комикса Скотта Адамса (американский карикатурист, родился в 1957 году). Согласно ему, некомпетентные сотрудники сразу же получают повышение и становятся менеджерами, даже если они никогда не проявляли никаких особых навыков. Этот принцип еще более радикален, чем принцип Питера, поскольку он предполагает, что мы сознательно поручаем управленческие функции некомпетентным сотрудникам, чтобы они не могли причинить никакого вреда. Это, конечно, предполагает, что управление всегда бесполезно.

Точно так же можно привести популярную поговорку: "Кто может, тот делает; кто не может, тот учит".

Хотя мы не можем назвать их "моделями" как таковыми – потому что они не являются научными – эти принципы показывают некоторую эмпирическую устойчивость к теоретическим показателям экономических моделей. Должны ли мы отказаться от этих моделей – пределы которых мы знаем в реальности – и рассмотреть возможность предоставления повышений по службе наугад?

ПРАКТИЧЕСКОЕ ПРИМЕНЕНИЕ

Случаев, когда "Принцип Питера" работает, и много, и мало одновременно. Они многочисленны, поскольку каждый из нас легко может представить себе ситуацию, когда некомпетентный сотрудник получает повышение, распознав среди своих коллег или начальников признаки, описанные Питером. Что касается того, что они действительно доказывают некомпетентность, то это уже другой вопрос. Довольно сложно, и большинство менеджеров по персоналу хорошо это знают, измерить эффективность работы сотрудника. Точно так же сотрудники часто склонны считать своего начальника некомпетентным, потому что критиковать других легче, чем брать ответственность на себя. Чаще всего в литературе приводятся случаи, когда утверждается о некомпетентности, но это не более чем воображение сторонников принципа Питера. В этом смысле реальных примеров не существует.

ИЗУЧЕНИЕ КАТАНИИ

Вместо того чтобы рассказывать анекдоты, Алессандро Плучино, Андреа Раписарда и Чезаре Гарофало в своей статье *The Peter Principle Revisited: A Computational Study*, предпочли попробовать другой способ рассмотрения модели в реальности. Они использовали компьютерное моделирование эволюции структуры пирамиды, варьируя гипотезы продвижения. В их статье были сделаны поразительные выводы, за которые они получили Ig Nobel Prize in Economics – пародию на Нобелевскую премию, которой награждаются самые необычные исследования. Однако их исследование, тем не менее, очень серьезно, а причудливый характер результатов подкрепляет мышление и юмористические гипотезы, разработанные Питером.

Определение фиктивной организации

Поэтому они создали на компьютере (используя Netlogo, язык программирования, специально разработанный для благоприятного многоагентного моделирования с целью проверки различных аспектов теории игр) фиктивную организацию, состоящую из шести иерархических уровней (содержащих 81, 41, 21, 11, 5 и 1 агентов соответственно). Каждый агент характеризуется возрастом от 18 до 60 лет и уровнем квалификации от 1 до 10.

В начале симуляции возраст и уровень навыков определяются случайным образом на основе статистического распределения, описанного выше.

 **'НОРМАЛЬНОЕ' СТАТИСТИЧЕСКОЕ РАСПРЕДЕЛЕНИЕ**

Статистическое распределение дает большую вероятность результатов, близких к средним – произвольно установленных на графике на 0 – и все более низкую вероятность по мере того, как мы пытаемся получить результат, удаляющийся от верхней или нижней границы. Считается, что это форма случайности, которая лучше всего описывает реальность больших выборок, и, по определению, мы находим гораздо больше средних событий, чем исключительных.

Моделирование

Как только исходная ситуация установлена, можно приступать к моделированию. В каждом раунде игры возраст агентов увеличивается. Каждый агент, достигший 60 лет, исчезает, а образовавшиеся пробелы заполняются за счет продвижения агентов с нижних уровней. Пробелы на самом низком уровне заполняются путем добавления новых агентов, возраст и навыки которых определяются случайным образом.

Когда агент меняет уровень, его компетентность также меняется, согласно двум проверенным гипотезам:

- **Гипотеза Питера.** Новый уровень компетентности является совершенно случайным.

- **Гипотеза здравого смысла.** Новый уровень компетентности демонстрирует максимум 10-процентный рост или снижение по сравнению с предыдущим уровнем.

В обоих случаях необходимо измерять общую производительность системы, которая соответствует средней производительности всех уровней. Обратите внимание, что чем выше сотрудник поднимается по служебной лестнице, тем больше должны расти его индивидуальные показатели.

Естественно, перед исследователями стоит тот же вопрос, что и перед любым менеджером: кого следует повышать? Для каждой гипотезы исследователи проверили три типа продвижения:

* продвижение лучшего сотрудника;

* продвижение самого некомпетентного сотрудника;

* повышение случайно выбранного сотрудника.

Результаты

Очень быстро производительность системы достигла точки равновесия.

Согласно гипотезе здравого смысла, ничего удивительного в этом нет. Хорошая общая производительность достигается, когда продвигаются лучшие люди, а плохая общая производительность — когда продвигаются некомпетентные люди. Случайное продвижение по службе не оказывает существенного влияния на общую производительность.

С другой стороны, если мы рассмотрим гипотезу Питера, то неожиданный вывод — противоположный тому, который обнаружили итальянские исследователи, получившие Ig Нобелевскую премию — очевиден: мы должны продвигать некомпетентных сотрудников. Действительно, если вы переведете плохого работника на более высокий уровень, то велика вероятность того, что его заменит кто-то лучше него, поскольку большинство агентов являются средними. Кроме того, производительность плохого работника будет «переиграна», случайным образом, через его переназначение, с большим шансом снова получить средний результат. А если шанс окажется плохим, он все равно пройдет в следующий раунд. Таким образом, продвижение самых некомпетентных сотрудников является логическим завершением гипотезы Питера. Далее, как и в случае с гипотезой здравого смысла, случайность остается нейтральной. Что касается продвижения лучших сотрудников, то оно работает именно так, как описал Питер: оно продвигает каждого на его уровень некомпетентности, делая общую производительность ущербной.

Заключение

Таким образом, либо Питер прав, и мы можем только посоветовать менеджерам продвигать худших работников, либо мы признаем, что компетентность на более высоком уровне является простой вариацией компетентности на более низких уровнях, и продвижение лучших работников остается предпочтительным решением.

СОВЕТЫ

В целом, Питер подходит к проблеме слишком статично и упрощенно. Почему компетенция для данной должности должна считаться константой? Если действующая система управления человеческими ресурсами эффективна, то за мерами по оценке эффективности регулирования должны следовать интервью с чиновниками и обучение сотрудников для повышения эффективности их работы.

Конечно, это имеет ряд недостатков:

- Во-первых, нам нужны соответствующие ключевые показатели эффективности, чтобы как можно более объективно определить качество работы. В случае с продавцом достаточно, например, просто измерить количество потенциальных клиентов, зашедших в магазин (все больше магазинов устанавливают для этого датчики), сумму, собранную продавцом, и соотношение между ними. Однако подсчет производительности более рискован, когда речь идет об измерении качества работы, произведенной государственным служащим или офисным работником. Сам Петр, говоря о некомпетентности, создает впечатление, что она основана скорее на широко распространенном чувстве, чем на конкретных показателях.

- Во-вторых, эффективную систему управления персоналом и обучение сложнее внедрить и дороже, чем просто измерить эффективность работы сотрудников и напрямую продвигать нужного работника на основе прошлого опыта.

Независимо от того, верна гипотеза Питера или нет, менеджеры могут рассматривать иерархию двумя противоположными способами:

- если каждая функция и связанные с ней навыки четко определены, гораздо проще внедрить ключевые показатели эффективности и оценить работу;

- Если же, наоборот, намеренно оставлена некоторая неопределенность в отношении задач, которые должен выполнять каждый сотрудник, то гораздо проще освободить работника от части задач, в которых он не компетентен, но это существенно влияет на эффективность.

Более того, можно сделать работников более мобильными, устранив эффект храповика. Увольнения встречаются чаще, чем кажется Питеру.

Когда гипотеза Питера не выполняется

Если гипотеза Питера не подтвердится, то система здравого смысла – которая предполагает продвижение лучших работников – обычно устанавливается организациями, если она полностью эффективна. Она имеет двойное преимущество: мотивирует работников стремиться работать лучше в надежде получить повышение, экономя деньги организации на обучении, поскольку они сами приложат все усилия, чтобы приобрести уровень квалификации, необходимый для более высокой должности.

Когда гипотеза Питера верна

С другой стороны, гораздо более проблематично, если гипотеза Питера окажется верной. Если повышаются наиболее некомпетентные работники, это следует делать незаметно из-за риска демотивировать сотрудников. Также необходимо сосредоточиться на финансовых стимулах и воздержаться от использования системы продвижения по службе в качестве поощрения.

Такой способ рассмотрения и назначения повышений имеет свои недостатки, поскольку он приводит к значительным затратам для организации и не позволяет найти человека, наиболее подходящего для данной должности.

Наконец, если гипотеза Питера соответствует реальности организаций и эффект храповика настолько фиксирован, как он считает, единственным реальным решением является максимально эффективная поддержка сотрудников путем измерения необходимых навыков, их мотивации и обучения. Это обходится организации гораздо дороже, чем если бы единственная конкуренция между сотрудниками делала их компетентными на всех уровнях иерархии.

- Принцип, разработанный Лоуренсом Дж. Питером и Раймондом Халлом, появляется в сатирическом произведении под названием *"Принцип Питера"* 1969 года — времени, когда предприятия, столкнувшись со стабильной и экономически обоснованной средой, нацеливались на рост и развитие своей структуры и поэтому неизбежно управляли рекламными акциями.

- Этот принцип основан на следующей гипотезе: все организации продвигают компетентных сотрудников до тех пор, пока они не достигнут должности, на которой они не могут работать компетентно и с которой их нельзя убрать; таким образом, организация движется к повсеместной некомпетентности.

- Этот вклад лежит в основном на руководителях, которые должны знать, как управлять перемещениями своих сотрудников, чтобы улучшить общую производительность своей организации. Для этого они должны обеспечить развитие навыков и коллективного интеллекта, потому что никто не совершенен, но команда может быть совершенной.

- Гипотезы модели вызывают споры, особенно гипотеза, утверждающая, что навыки, необходимые для новой должности, не зависят от тех, которые наблюдались на предыдущей должности.

- Другие законы, включая закон Паркинсона о естественной тенденции организаций в конечном итоге становиться неэффективными, склоняются в ту же сторону, что и принцип Питера.

- Советы:

  - если гипотеза Питера не подтверждается, полагайтесь на здравый смысл и продвигайте лучших сотрудников;

  - если гипотеза Питера верна:

    - продвигать худших сотрудников, не ставя их в известность;

    - предоставлять финансовые стимулы без изменения роли сотрудников;

    - наблюдать за каждым сотрудником в отдельности и управлять перемещениями в рамках одного иерархического уровня.

ДАЛЬНЕЙШЕЕ ЧТЕНИЕ

БИБЛИОГРАФИЯ

Блари, Ж-Л. (1999) Le principe de Peter. *Lettre d'ADELI.* Том 36.

Delahaye, J-P. (2011) Le principe de Peter. *Pour la science.* Том 407, стр. 82-87.

Питер, Л. Дж. и Халл, Р. (2011) *Le Principe de Peter ou pourquoi tout va toujours mal.* [2-е издание]. Paris: Librairie Générale Française.

Pluchino, A., Rapisarda, A. и Garofalo, C. (2010) The Peter Principle Revisited: Вычислительное исследование. *Physica A: Statistical Mechanics and its Applications.* 3(389), pp. 467-472. [Online]. [Accessed 18 July 2014]. Available from: <http://arxiv.org/pdf/0907.0455v3.pdf>.

ДОПОЛНИТЕЛЬНЫЕ ИСТОЧНИКИ

Сайт *Dilbert* by Scott Adams: http://www.dilbert.com/

Мы хотим услышать от вас!

Оставьте комментарий о вашей онлайн-библиотеке

и поделитесь своими любимыми книгами в социальных сетях!

50MINUTES.com

IMPROVE YOUR
GENERAL KNOWLEDGE
IN THE BLINK OF AN EYE!

www.50minutes.com

Издательство гарантирует достоверность опубликованной информации,
что, однако, не может повлечь за собой его ответственность.

Мастер ISBN: 9782808601368

Бумажный ISBN: 9782808602815

Легальный депозит: D/2022/12603/282

Цифровое оформление: Primento,
цифровой партнер издателей.

www.ingramcontent.com/pod-product-compliance
Lightning Source LLC
LaVergne TN
LVHW010259210726
843508LV00020B/2881